Emelie Walther

# Der Einfluss von Musik auf die frühkindliche Entwicklung

## Wissenschaftliche Erkenntnisse zur frühkindlichen Musikerziehung

**Bibliografische Information der Deutschen Nationalbibliothek:**

Die Deutsche Nationalbibliothek verzeichnet diese Publikation in der Deutschen Nationalbibliografie; detaillierte bibliografische Daten sind im Internet über http://dnb.d-nb.de abrufbar.

**Impressum:**

Copyright © Studylab 2018

Ein Imprint der Open Publishing GmbH, München

Druck und Bindung: Books on Demand GmbH, Norderstedt, Germany

Coverbild: Open Publishing | Freepik.com | Flaticon.com | ei8htz

# Inhaltsverzeichnis

# Abbildungsverzeichnis

# 1 Einleitung

Meine ersten musikalischen Erfahrungen sind so lange her, dass ich mich leider nicht mehr an sie erinnern kann. Etwas näher zurück, laut Fotoalbum etwa ab dem Alter von zwei Jahren, liegen die ersten Versuche auf der Kindergartenflöte, das Lernen von bunten Noten mittels Tiernamen, Kinderliederraten und -vervollständigen, Singen im der Krabbelgruppe und dem Kindergarten, meine ersten Klavierstücke (die in Moll brachten meinen kleinen Bruder stets zum Weinen...), das Vorspielen von Weihnachtsliedern, damit der Nikolaus die Geschenke rausrückte, wildes Galoppieren durchs Wohnzimmer zu Rossinis *Wilhelm Tell*-Ouvertüre und vieles mehr. Eine privilegierte und – so weiß ich heute – äußerst kostbare Art des Aufwachsens, die mir zu meinem großen Glück vornehmlich durch meine liebe Mutter ermöglicht wurde. Heute, über 20 Jahre später, existiert eine Vielzahl an wissenschaftlichen Erkenntnissen zum Thema Musik und kindlicher Entwicklung, die die Bedeutung der frühkindlichen Musikerziehung untermauern.

Ebendiese positiven Einflüsse bilden den Kern dieser Arbeit (Kapitel 3). Um zunächst zu verstehen, wie musikalische Ereignisse wahrgenommen und im Gehirn verarbeitet werden, steht dem Hauptteil ein Kapitel (2) voran, das sich neben der allgemeinen Aufnahme von Schallereignissen vor allem mit der kindlichen Musikwahrnehmung (2.1) und dem frühen musikalischen Lernen (2.1.2) beschäftigt. Nach einem kurzen Exkurs zur Bildungsrelevanz der musischen Bildung (Kap. 4) werden in Kapitel 5 pädagogische Schlussfolgerungen für frühkindliche Musikerziehung aus den gewonnenen Erkenntnissen gezogen. Der Begriff *frühkindlich* bezieht sich in dieser Untersuchung stets auf die Altersspanne von der Geburt bis zum Vorschulalter.

Natürlich ist mir bewusst, dass es eine Unmenge an formalen frühkindlichen Musikförderprogrammen gibt und diese Arbeit erhebt auch nicht den Anspruch, völlig neue pädagogische Ansätze zu entdecken. Ich vermeide deshalb sowohl den Begriff der *elementaren Musikpädagogik* (schon allein, weil deren Konzept für alle Altersstufen entwickelt wurde), als auch die Nennung einzelner formaler Musikförderprogramme, sofern sie nicht explizit in Studien untersucht werden. Die Wissenschaft, gerade im Bereich der Hirnforschung, entwickelt sich fast täglich weiter und gewinnt neue Erkenntnisse. Diese sollten für Musikpädagogen, ganz egal mit welchem pädagogischen Konzept sie bevorzugt arbeiten, per se interessant und aufschlussreich sein.

## 2 Die Verarbeitung von Musik im Gehirn

Jede Art von akustischer Information, sei es Sprache, Musik oder Lärm, wird im Innenohr in neuronale, also elektrische Impulse umgewandelt. Während dieser Codierung muss das menschliche Gehirn enorme Leistungen erbringen: Jeder einzelnen der rund 7000 Haarzellen im Innenohr stehen etwa 14 Millionen Neuronen zur Weiterverarbeitung gegenüber. Das Gehirn hat demnach die Aufgabe, aus den vergleichsweise marginalen Informationen all die Details zu erzeugen, die beim Sprachverstehen oder der Musikwahrnehmung vorliegen. Das Resultat dieses Vorgangs, bei welchem dem ursprünglichen Signal eine bestimmte Bedeutung zugewiesen wird, hängt maßgeblich von der Erfahrung bzw. der Geübtheit des Hörers ab. (Karnath & Thier, 2006) Die eigentliche Musikwahrnehmung entsteht demnach nicht nur aus den Reizen, die über die Ohren aufgenommen werden, sondern aus mentalen Generierungsprozessen auf der Grundlage von in neuronalen Netzwerken gespeicherten Mustern (mentalen Repräsentationen). Je vielfältiger die musikalischen Erfahrungen, desto komplexer die Klangvorstellungen, die abgerufen werden. (Gruhn, 2018)

Die akustische Information wird durch den Hirnstamm und den Thalamus in den auditiven Kortex geschickt. Dort werden die Grundelemente des auditiven Reizes wie Tonhöhe, Chroma (Tonfarbe), Timbre (Klangfarbe), Tondauer und Lautstärke extrahiert. Bereits vom Thalamus aus werden zusätzlich Daten an die Amygdala und den Orbitofrontalkortex – Strukturen, die für die emotionale Bewertung und die Kontrolle emotionalen Verhaltens entscheidend sind – weitergeleitet. (Koelsch & Schröger, 2007)

Eine Kombination aus mehreren Klängen, also die eigentliche Musik, wird als *auditive Gestalt* bezeichnet. Diese auditiven Gestalten werden mit der Zeit als Muster im auditiven Gedächtnis integriert und schließlich in einer Art „mentalen Musikbibliothek" im Langzeitgedächtnis abgespeichert. Anhand der Muster in dieser Bibliothek kann neue Musik verglichen, analysiert und entsprechend eingeordnet werden. (Karnath & Thier, 2006)

Im Anschluss an die soeben beschriebenen frühen Verarbeitungsstufen wird die sogenannte musikalische Syntax, der „Satzbau" der Musik, verarbeitet; die musikalischen Ereignisse werden anhand von Parametern wie Melodiestruktur, Zeitstruktur, vertikal harmonischer Struktur (Akkorde) und dynamischer Struktur analysiert und eingeordnet. Damit ähnelt die Musikwahrnehmung der Verarbeitung von Sprache. Die Analyse des musikalischen Satzbaus ist jedoch – so weisen unter anderem Koelsch und Fritz 2007 nach – nicht ausschließlich musikalisch ausgebildeten Menschen vorbehalten: In einem Experiment wurde Nicht-Musikern eine Sequenz, die jeweils zufällig auf einem „richtigen" Schluss (Tonika) oder auf einem „falschen" Schluss (Doppeldominante) endete, in verschiedenen Tonarten vorgespielt. Die Hirnaktivität der Versuchspersonen wich bei einem Ende der Sequenz auf der Doppeldominante deutlich von der eines „normalen" Schlusses ab. Dieses implizierte Wissen wird vermutlich durch alltägliche Hörerfahrungen erworben. (Koelsch & Fritz, 2007)

Anders als lange vermutet, gibt es kein spezifisches Musikzentrum im Gehirn; wie oben beschrieben, werden bei der Musikwahrnehmung verschiedenste Hirnareale beansprucht, die sich mit anderen Bereichen des Denkens, Fühlen und Handelns teils in beträchtlichem Maße überschneiden. Dadurch kommt es auch zu positiven Transfereffekten auf andere Bereiche, für die jene Hirnareale verantwortlich sind (siehe Kap. 3). Die Musikwahrnehmung unterscheidet sich von der Verarbeitung anderer Sinneswahrnehmungen besonders in der Vielschichtigkeit der angesprochenen Hirnareale. (Bernatzky & Kreutz, 2015) Des Weiteren sind die neuroanatomischen Substrate des Musikhörens individuell ausgeprägt und werden davon bedingt, *wie* die betreffende Person gelernt hat, Musik zu hören. So scheint das praktische Musizieren eher in Netzwerken in der rechten, das Erlernen von Fachwissen über Musik eher in der linken Gehirnhälfte stattzufinden. (Karnath & Thier, 2006)

## 2.1 Musikwahrnehmung im Kindesalter

Die Möglichkeiten pränataler Forschung haben sich in den letzten Jahren rasant verbessert. Während der Säugling noch vor einigen Jahrzehnten eher als defizitäres, in vielerlei Hinsicht noch rudimentär entwickeltes Lebewesen angesehen wurde, weiß man heute, dass sich gerade in den ersten beiden Lebensjahren, ja sogar in den vorgeburtlichen Monaten, die individuelle Grundstruktur des Gehirns fast vollständig ausbildet. (Stadler Elmer, 2015) Daraus lässt sich schlussfolgern, dass auch äußere Einflüsse, wie zum Beispiel musikalische Anregungen, eine maßgebliche Bedeutung haben. Dies wird durch eine Studie von Kelley und Sutton-Smith (1987) untermauert, in der die Rolle der frühen musikalischen Interaktion über zwei Jahre hinweg erstmals untersucht wurde. Die beiden Forscher fanden heraus, dass bereits in der frühkindlichen Phase (hier 0-3 Jahre) unterschiedliche Aufwuchsbedingungen in Hinblick auf den musikalischen Anregungsgehalt zu großen Unterschieden in der musikalischen Entwicklung führen. (Kelley & Sutton-Smith, 1987)

Wie entwickelt sich die musikalische Wahrnehmung bei Kleinstkindern? Inwiefern lernen Kleinstkinder? Gibt es eine „angeborene" Musikalität? Diesen und anderen für die elementare Musikpädagogik relevanten Fragen sollen in diesem Abschnitt auf den Grund gegangen werden.

### 2.1.1 Musikalische Wahrnehmung

Im Grunde funktioniert die Aufnahme musikalischer Reize und Anregungen bei Kindern ähnlich, wie oben für Erwachsene beschrieben. Der Hörsinn ist, inklusive der Verbindung zwischen Ohren und Hirn, schon drei Monate vor dem errechneten Geburtstermin voll ausgeprägt. Damit sind die akustischen Fähigkeiten des Kindes früher entwickelt, als jedes andere Sinnesorgan. Eine Reihe von Studien belegen, dass das Ungeborene auf eine Vielzahl von auditiven Reizen reagiert und sich sogar nach der Geburt an pränatal häufig erklungene Melodien erinnern kann. (Gruhn, 2011) Dies lässt vermuten, dass die pränatalen Hirnfunktionen sowie die auditive Wahrnehmung schon sehr differenziert ausgeprägt sind. (Stadler Elmer, 2015)

Dennoch unterscheidet sich die Form ihrer musikalischen Wahrnehmung grundsätzlich von jener der Erwachsenen. Im Mutterleib nehmen die Föten Schallreize nicht ausschließlich über das auditive System wahr, da der Schall nicht durch die Luft, sondern auch in Form von Vibrationen durch das Fruchtwasser gelangt. Das pränatale Hören umfasst demnach mehrere Wahrnehmungsbereiche des Ungeborenen. (Stadler Elmer, 2015)

Auch nach der Geburt finden sich musikalische Wahrnehmungen und erste musikalische Aktivitäten im Bereich der Sensomotorik[1]: sensomotorische Sinneswahrnehmungen und Erfahrungen sind Grundlage für musikalisches Lernen. (Stadler Elmer, 2015) Der Musikpädagoge Wilfried Gruhn schreibt dazu:

---

[1]  Zusammenspiel von sensorischen (über die Sinnesorgane) und motorischen Leistungen

„Je jünger die Kinder sind, desto mehr ist ihre Wahrnehmung vollends körperlich und noch nicht selektiv in kognitive, sensorische (motorische) und emotionale Anteile aufgespalten. Säuglinge reagieren auf Klänge und Rhythmen zunächst überwiegend viszeral, also leiblich, ihre Wahrnehmung ist ganzheitlich (coenästhetisch), bevor sie diakritisch und damit zerebral gesteuert wird und sich in getrennte Bereiche der hörbaren, sichtbaren, fühl-, riech- und schmeckbaren Wahrnehmungen ausdifferenziert." (Gruhn, 2011)

Dennoch können bereits Säuglinge eine erstaunliche Bandbreite von auditiven Reizen erkennen und differenziert verarbeiten. Dabei sind die Neugeborenen schon im Alter von einigen Tagen fähig, die Stimme der Mutter wiederzuerkennen. (Stadler Elmer, 2015) Wie bereits in Kapitel 2 beschrieben, geschieht solches Erkennen im Rahmen erworbener mentaler Repräsentationen. Da der Erwerb dieser neuronalen Ressourcen erfahrungsabhängig ist, basiert der musikalische Entwicklungsgrad von Säuglingen und Kleinstkindern auf dem Ausmaß musikalischer Erfahrungen, was für eine früh einsetzende elementare Musikerziehung spricht. (Koelsch & Jentschke, 2011)

### 2.1.2 Frühes musikalisches Lernen

Freilich kann man bei Kleinstkindern noch nicht von musikalischem Lernen im Sinne von Unterricht oder dem Erwerb von Wissen sprechen. All die beschriebenen Anpassungsvorgänge des Gehirns, die Entwicklung musikalischer Grundkompetenzen sowie die Ausprägung komplexer mentaler Repräsentationen können jedoch sehr wohl als frühes musikalisches Lernen bezeichnet werden. Die Plastizität des Gehirns ist in den ersten beiden Lebensjahren am größten. Ist die Grundstruktur des Hirns einmal ausgebildet, sind Umstrukturierungen dennoch möglich, wenn auch weniger schnell. (Stadler Elmer, 2015) Das Lernen fällt folglich in frühen Jahren besonders leicht, was die frühkindliche Entwicklungsphase zu einem bedeutenden Alter für Erziehung im Allgemeinen macht. Zwar sollte die frühkindliche Phase des Lernens nicht unterschätzt werden; ein Reizüberfluss ist jedoch genauso wie Reizarmut schädlich für das Kleinkind, betont Hirnforscher Wilfried Gruhn (2011).

Insgesamt lernen Kinder und Jugendliche müheloser, da sie über eine größere fluide Intelligenz (logisches Problemlösen, Lernen, Auffassungsgabe) verfügen, als Erwachsene. Demnach überwiegen bei Personen ab etwa 25 Jahren diejenigen Fähigkeiten, die aufgrund von Erfahrung erlernt wurden oder durch die Umwelt bestimmt werden (kristalline Intelligenz). (Gruhn, 2011) Die Entwicklung der fluiden Intelligenz hat ihren Höhepunkt bei jungen Erwachsenen und nimmt dann kontinuierlich ab. (Walter, 2011) Die beiden zentralen Lernformen, die die frühe Kindheit prägen sind Nachahmung und Spiel. (Stadler Elmer, 2015)

Elmer (2015) und Gruhn (2011) beschreiben, dass sich frühkindliches musikalisches Lernen auf die Koordination von zunächst universellen sensomotorischen Verhaltenselementen (Schallwahrnehmung, Vokalisation, Bewegung) gründet. Diese sensomotorischen Erfahrungen führen zur Bildung mentaler Repräsentationen, die wiederum notwendig sind, um Musik zu erkennen, zu kategorisieren, mit Stimme und Bewegung zu koordinieren, nachzuahmen und mit Emotionen zu verknüpfen. (Stadler Elmer, 2015) Dabei spielt die Motorik, insbesondere rhythmische Bewegungen als Reaktion auf Musik, eine besonders wichtige Rolle, da Bewegung der zentrale Wahrnehmungsmodus von Kindern ist. (Gruhn, 2018)[2]

---

[2] „Selbstsynchronisation ist die gleichzeitige und aufeinander abgestimmte Bewegungskoordination von verschiedenen Körperteilen. Interaktive Synchronisation liegt vor, wenn sich die eigenen Bewegungen denen einer oder mehrerer anderer Personen angleichen." (Stadler Elmer, 2015)

Die Verarbeitung von Musik im Gehirn

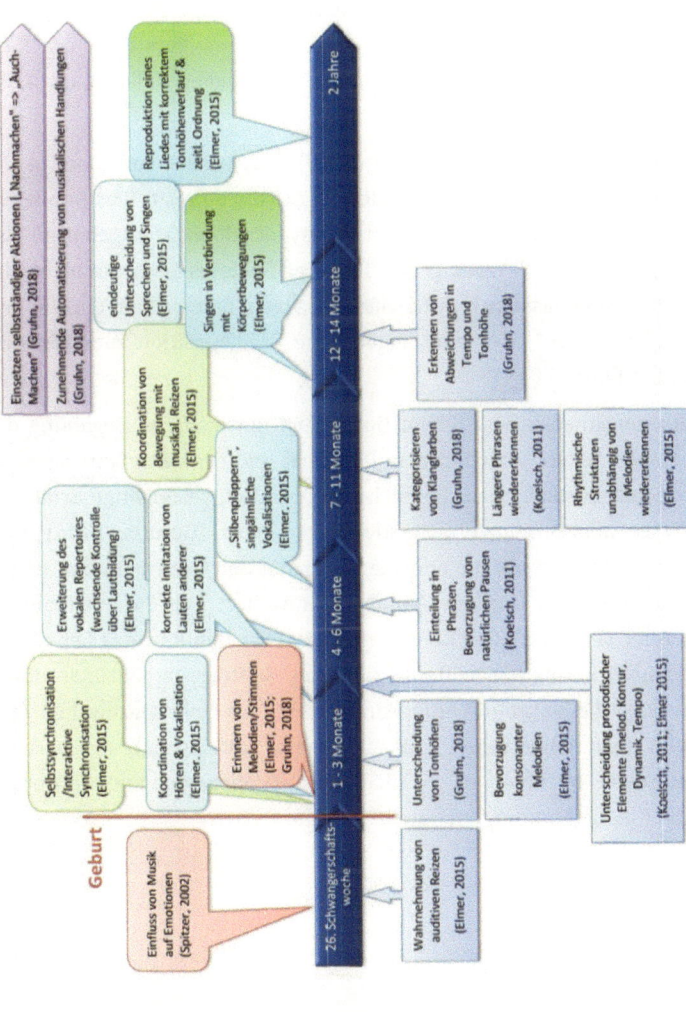

Abbildung 1: Musikalische Wahrnehmung & Aktivitäten im Alter von 0 bis 2 Jahren
Quelle: eigene Darstellung

Es gibt eine Vielzahl von Studien über die musikalische Wahrnehmung sowie die frühen musikalischen Aktivitäten von Kindern im Alter von null bis zwei Jahren. Da deren ausführliche Behandlung den Rahmen dieser Arbeit sprengen würde, habe ich die Erkenntnisse aus verschiedenen Quellen in einem Schaubild (Abb. 1) zusammengefasst. Dabei finden sich oberhalb des Zeitstrahls frühe musikalische Aktivitäten in den Bereichen Emotion (rot), Motorik (grün) sowie Hören & Vokalisation (blau). Unterhalb sind Ergebnisse aus Studien dargestellt, die sich mit der frühkindlichen Wahrnehmung von Musik (dunkelblau) beschäftigten. Selbstverständlich können und wollen diese Studien kein eindeutiges Alter festlegen, in dem bestimmte Kompetenzstufen erreicht sein müssen; wie bereits mehrfach erwähnt wird der Entwicklungsprozess durch die individuellen Anlagen sowie die äußeren Umstände maßgeblich beeinflusst.

Fehlende Musikalität, musische Begabung oder Talent wird – vor allem in der Schule – weithin als Ausrede für mangelnde Fähigkeiten benutzt. Dies impliziert, dass Musikalität eine statische Eigenschaft sei, eventuell sogar angeboren, also genetisch vorbestimmt. Auch wenn große Teile des Gebietes bis heute nicht hinreichend erforscht sind, lässt sich mit Sicherheit sagen, dass es kein einzeln verantwortliches „Musik-Gen" oder eine angeborene Prädisposition zum Wunderkind gibt. (Stadler Elmer, 2015)

Nach der Begabungstheorie von Edwin Gordon ist musikalische Begabung das Produkt aus (einem jeden) angeborenem Potenzial und Umwelterfahrungen. Jeder Mensch ist mit musikalischem Potenzial ausgestattet; reichhaltige Erfahrungen lassen dieses wachsen, unzureichende verkümmern. (Gordon, 1986) Auch diese Theorie gründet sich auf die enorme Plastizität des Gehirns in den ersten beiden Lebensjahren. Laut Gordons Annahmen nivelliert sich die musikalische Begabung im Alter von etwa neun Jahren und bleibt für den Rest des Lebens erhalten. Diese Stabilisierung gilt heute als überholt. Stattdessen geht man davon aus, dass musikalische Begabung eine Kombination aus teils spezifischen (z.B. Hörfähigkeiten), teils universellen (z.B. allgemeine Intelligenz) angeborenen Komponenten sowie reichhaltiger musikalischer Erfahrungen und Förderung durch die frühe Kindheit hindurch darstellt. (Gembris, 2014)

## 2.2 Der Einfluss von Musik auf das Gehirn

Dass Musiker infolge ihres speziellen und meist intensiven Übens über ein besonderes Gehirn verfügen, steht mittlerweile außer Frage und ist empirisch durch eine Vielzahl von Studien belegt. So können bei Profimusikern schon im neuroanatomischen Bereich einige Besonderheiten festgestellt werden. Im Vergleich zu Nicht-Musikern lässt sich beispielsweise eine größere Dichte der grauen Substanz[3] in Hirnrealen, die zur Kontrolle des Musizierens aktiviert werden, erkennen. Dass diese Veränderungen schon im Grundschulalter feststellbar sind, wird von einer Längsschnittstudie einer Bostoner Arbeitsgruppe um Gottfried Schaug mit 8 bis 9 jährigen Kindern untermauert: Bei denjenigen Kindern, die ein Jahr lang im üblichen Umfang Klavierunterricht erhielten, konnten gegenüber einer Kontrollgruppe, die keinen Instrumentalunterricht bekam, signifikante Verdichtungen der grauen Substanz in den einschlägigen Hirnrealen gemessen werden. (Bernatzky & Kreutz, 2015)

Des Weiteren kann sowohl eine anatomische Vergrößerung des motorischen und auditiven Kortex (Zentren für willkürliche Bewegungen bzw. Hören), als auch eine Verdichtung der Neuronen in diesen Hirnbereichen festgestellt werden. Die Ausprägung dieser Besonderheiten ist gerade bei Personen, die vor dem 7. Lebensjahr mit dem Instrumentalspiel begannen, auffällig groß. (Karnath & Thier, 2006)

Weit interessanter als rein anatomische Befunde sind jedoch Untersuchungen zur funktionellen Neuroplastizität[4]. Demzufolge unterliegt das Gehirn während des aktiven Musikhörens oder des eigenen Musizierens ständig plastischen Lernvorgängen und Anpassungen der neuronalen Netzwerke. Diese Anpassung führt zu Optimierungsvorgängen: Bei neuen motorischen Trainings, zum Beispiel dem Erlernen eines Klavierstückes mit neuen Bewegungsabläufen, ist vorübergehend eine Zunahme der Erregung im primären Motorkortex zu verzeichnen. Bei anhaltendem Training normalisiert sich diese Aktivität jedoch wieder und sinkt mit der Zeit sogar unter die Normalaktivität: Das Gehirn hat sich quasi selbst „optimiert"

---

[3]   Die graue Substanz umfasst diejenigen Teile des Zentralnervensystems, die sich überwiegend aus Zellkörpern (Perikarya) von Neuronen zusammensetzen. (Marquardt, 2018)

[4]   „Unter der funktionellen Neuroplastizität werden Veränderungen der neurophysiologischen Aktivität in neuronalen Zellgruppierungen als Folge von Erfahrung und Lernen zusammengefasst. Diese Veränderungen können lokal als veränderte Aktivitätsmuster in bestimmten neuronalen Netzwerken auftreten und sind häufig das Ergebnis eines Optimierungsprozesses." (Bernatzky & Kreutz, 2015)

und nutzt jetzt nur noch diejenigen Neuronen, die wirklich zur Ausführung der geübten Tätigkeit notwendig sind. Langfristig hat dies zur Folge, dass das motorische System von Musikern – insbesondere bei motorischen Tätigkeiten, die dem Musizieren ähneln – wesentlich geringer beansprucht wird, als bei Nicht-Musikern. (Bernatzky & Kreutz, 2015)

Es liegt auf der Hand, dass das auditorische System bei Musikern besonders ausgeprägt und effizient arbeitet. Es wird vermutet, dass die auditorischen Hirnareale des Menschen weit plastischer sind, als diejenigen anderer Lebewesen, da der Mensch als einziger über die sich im Verlauf der Evolution entwickelte besondere Fähigkeit des Sprachenlernens verfügt. (Bernatzky & Kreutz, 2015) Wie bereits in Kapitel 2 erwähnt, überschneiden sich die verantwortlichen Hirnareale von Musik- und Sprachwahrnehmung signifikant. Die neuronale Aktivität im primären und sekundären auditorischen Kortex kann sowohl bei Nicht-Musikern, als auch bei Musikern mit entsprechend anspruchsvolleren Aufgaben vergrößert werden. Kurioserweise sind jene Veränderungen bei Musikern instrumentenspezifisch; ein Trompeter reagiert folglich aktiver auf Trompeten- als auf Geigenklänge. Bei verschiedenen Berufsmusikern sind außerdem jeweils diejenigen neuronalen Netzwerke besonders ausgeprägt, die bei spezifischen Anforderungen benötigt werden: Ein Dirigent besitzt beispielsweise außerordentliche Fähigkeiten der Ortslokalisation von Klangquellen, ein Geiger dagegen eine sehr präzise Tonhöhenwahrnehmung. (Karnath & Thier, 2006)

# 3 Der Einfluss von Musik auf kindliche Entwicklungsbereiche

Die Frühförderung von Geburt an bis ins Vorschulalter rückt in allen Erziehungs-
bereichen zunehmend ins Licht. Das ist nicht verwunderlich, da dies eine sehr
sensible, wenn nicht gar die sensibelste Entwicklungsphase eines Kindes ist. Im
Folgenden wird der Einfluss musikalischer Frühförderung auf verschiedene kindliche Entwicklungsbereiche beleuchtet. Die Einteilung dieser Bereiche orientiert
sich an den vielfach zitierten sechs Grenzsteinen der Entwicklung von R. Michae-
lis, wobei die Körper- und Feinmotorik als Einheit zusammengenommen wurde.

## 3.1 Sprachentwicklung

Es existiert eine Reihe an Studien, die die Annahme stützen, dass sprachlichen
und musikalischen Verarbeitungsprozessen ähnliche neuronale Strukturen zugrunde liegen. Außerdem werden verwandte bzw. sogar sich überschneidende
Hirnregionen zur Verarbeitung musikalischer und sprachlicher Syntax aktiviert.
(Gruhn, 2011) Des Weiteren beruht sowohl das Singen als auch das Sprechen auf
demselben neuronalen Mechanismus der phonologischen Schleife[5]. Dass manche
Personen einen Ton nicht in der richtigen Tonhöhe nachsingen können, liegt
demnach lediglich an einer Störung der Fähigkeit (vermutlich verursacht durch
fehlende Übung), den gehörten Ton in die entsprechende Artikulationsbewegung
zu übertragen. Wilfried Gruhn (2018) stellt sogar die gewagte These auf, dass
„wer sprechen kann, auch singen können muss".

Viele Transfereffekte zwischen Musik und Sprache beruhen bei musikgeschulten
Erwachsenen auf dem durch Training außerordentlich ausgebildeten auditorischen System. Demnach fällt es Musikern leichter, Sprachreize zu lernen, zu dis-
kriminieren und einzuordnen. (Bernatzky & Kreutz, 2015) Interessant für die
Musikpädagogik erweist sich in diesem Zusammenhang eine Studie von Fujioka
und Kollegen (Fujioka, et al., 2006), in der auditorisch evozierte Potenziale (ver-
einfacht ausgedrückt: Hirnreaktionen auf Schallereignisse) bei vier- bis sechsjährigen Kindern mit jeweils einjährigem Musiktraining aus Suzuki-Musikschulen
sowie einer Kontrollgruppe ohne Musiktraining untersucht wurden. Nach einem
Jahr intensiven Geigenunterrichts reagierten die musikgeschulten Kinder intensi-

---

[5]  Die phonologische Schleife ist ein „äußerst komplexer audio-vokaler Vorgang, der bewirkt,
dass das Ohr der Stimme mitteilt, was sie tun muss, um einen „gleichen" Klang hervorzubrin-
gen." (Gruhn, 2018)

ver auf ihnen dargebotene Geigentöne, als auf nicht-musikalische Schallreize. Dieses Ergebnis legt offen, dass das auditorische System schon bei Kindern im jungen Alter durch formale Musiktrainings gefördert werden kann.

Eine weitere beachtenswerte Studie von Koelsch und Jentschke (2011) untersucht Transfereffekte zwischen der Verarbeitung linguistischer und musikalischer Syntax bei Kindern. Den Versuchsteilnehmern (einerseits 10-11 jährige Kinder mit und ohne musikalischem Training, andererseits 4-5 Jährige, teils mit einer Sprachentwicklungsstörung) wurden zum einen Akkordsequenzen mit regulären und irregulären Schlussakkorden (Tonika vs. Subdominantparallele) vorgespielt. Der älteren Versuchsgruppe wurden in einem zweiten Experiment außerdem syntaktisch korrekte und nicht korrekte Sätze dargeboten. Via EEG wurden dabei jeweils die Hirnreaktionen der einzelnen Kinder gemessen. Wie Abbildung 2 eindrucksvoll darstellt, zeigten die Kinder mit musikalischem Training (Mitglieder des Thomanerchores mit etwa 3 Jahren intensivem Musikunterricht) nicht nur bei der Verletzung der musikalischen Syntax, sondern auch bei inkorrekten Sätzen signifikant stärkere Reaktionen. Andererseits zeigten die sprachentwicklungsgestörten Vier- bis Fünfjährigen keine Reaktion auf die Veränderung musikalischer Syntax, während die sprachnormalen Altersgenossen in der Lage waren, diese schnell und genau zu verarbeiten. Diese Ergebnisse lassen Rückschlüsse auf die enge Verbindung zwischen Sprache und Musik zu. Außerdem zeigen sie, dass Kinder enorm von musikalischem Training profitieren und sich die erworbenen Fertigkeiten zumindest teilweise auch auf die Sprachentwicklung übertragen lassen. (Koelsch & Jentschke, 2011)

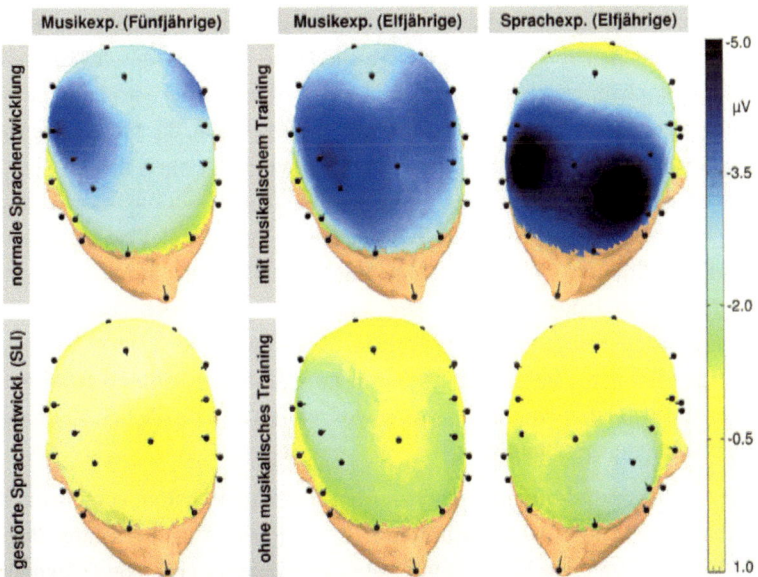

Abbildung 2: Ergebnisse der Studie v. Koelsch & Jentschke
Je mehr Nervenzellen aktiviert sind, desto negativer die Spannungsunterschiede (s. Skala) und desto dunkler die entsprechenden Stellen auf der Kopfoberfläche
Quelle: Koelsch & Jentschke, 2011

Insgesamt belegen diese Arbeiten, dass für die Sprachverarbeitung wichtige Hirnregionen schon bei (Klein-)Kindern durch musikalische Trainings geschult und ausgebaut werden können. Sowohl die Verarbeitung sprachlicher Syntax, als auch das auditorische System samt Fertigkeiten zur Diskrimination und Einordnung verschiedener Schallreize werden durch intensive Musiktrainings nicht nur beeinflusst, sondern auch maßgeblich verbessert. Dies bildet sich überdies auch in spezifischen neuronalen Anpassungen ab.

## 3.2 Kognitive Entwicklung

Der Begriff *kognitive Entwicklung* wird oft synonym zu Intelligenz oder geistiger Entwicklung verwendet. Die kognitiven Funktionen umfassen unter anderem die Wahrnehmungs- und Aufmerksamkeitsfähigkeit, logisches Denken wie z.B. Problemlösen, Erinnern und Lernen, Urteilen und gerichtetes Handeln. (Stangl, 2018)

Die Thesen und Slogans über wundervolle Transfer-Effekte von Musik auf das Gehirn und die allgemeine Intelligenz könnten nicht vielfältiger sein: Vom berühmten „Mozart-Effekt", über „Mozart macht schlau", kostenlos verteilte Klassik-CDs für junge Mütter in den USA und Kopfhörer für Babybäuche scheinen der Kreativität zur Intelligenzförderung durch Musik keine Grenzen gesetzt zu sein. Der Schluss, durch aktives Musizieren sein Gehirn zu trainieren – schlauer zu werden – liegt zugegebenermaßen auch nicht fern, bedenkt man, dass Musizieren auf hohem Niveau zu den schwierigsten menschlichen Leistungen gehört: Gehörsinn, Motorik, Körperwahrnehmung und Hirnregionen zur Emotionsverarbeitung werden gleichzeitig beansprucht. Doch der Schein trügt: Arbeitet man sich durch die Vielzahl an Studien, die den Zusammenhang zwischen musikalischen Aktivitäten und Intelligenz belegen wollen, sind die Ergebnisse oft ernüchternd, nicht beweiskräftig oder sogar widersprüchlich. Laut Altenmüller (2007) ist dies – zumindest teilweise – bislang fehlenden Testinstrumenten, oftmals fehlerhaften oder unzureichenden Studiendesigns sowie sehr unterschiedlichen Methoden und Begrifflichkeiten geschuldet.

Sind die viel diskutierten intelligenzfördernden Eigenschaften von Musik also lediglich das Ergebnis fehlinterpretierter Studien und aufgebauschter Slogans in den Medien? Um diese Frage beantworten zu können, werden im Folgenden einige Studien und deren Ergebnisse näher beleuchtet.

### 3.2.1 Musikhören und Intelligenz

Das Interesse an den Auswirkungen von Musik auf die Intelligenz wurde vornehmlich vom sogenannten *Mozart-Effekt*, einer Studie von Rauscher et al. (1993) geweckt: Spielte man Studierenden zehn Minuten lang den ersten Satz der D-Dur Sonate für zwei Klaviere von W. A. Mozart vor, konnten sie für wiederum etwa zehn Minuten danach eine *Papier-falt-und-schneide-Aufgabe*, mit der die räumliche-visuelle Intelligenz getestet werden sollte, besser lösen, als Kollegen, denen man Entspannungsaufgaben vorspielte oder die in der Stille warteten. (Rauscher, et al., 1993) Obwohl in der Studie nur von sehr kurzfristigen und noch dazu auf einen sehr kleinen Bereich der räumlich-visuellen Wahrnehmung beschränkten Effekten die Rede war, schlug diese hohe Wellen in der Öffentlichkeit. Eine Kontroverse entstand: Der Mozart-Effekt konnte in einigen Studien nachgewiesen werden, in anderen jedoch nicht. (Bernatzky & Kreutz, 2015) Die aktuellsten Ergebnisse dazu liefert eine Forschergruppe um Glenn Schellenberg (2007), in deren Veröffentlichung folgende Erkenntnisse zu finden sind: Der Mozart-Effekt könnte ebenso ein Elvis- oder ein Stephen-King-Effekt[6] sein, da seine positiven Nachwirkungen auf ein durch das Gehörte angeregtes Erregungs- und Stimmungsniveau zurückzuführen ist. Demnach wirkt bekannte und favorisierte Musik beim jeweiligen Hörer anregender als allgemein klassische Musik. Weiterhin wurde bei fünfjährigen asiatischen Kindern festgestellt, dass nicht nur bei der räumlich-visuellen Wahrnehmung, sondern auch im Bereich der Kreativität und der Verarbeitungsgeschwindigkeit kurzfristige Vorteile erzielt werden konnten. (Schellenberg, et al., 2007)

Der durch den Mozart-Effekt ausgelöste Hype veranlasste viele Institutionen dazu, Eltern klassische Musik als „Intelligenzprogramm" für ihre Babys zu empfehlen. Zwar erweist sich als richtig, dass Kleinstkinder abhängig von ihren musikalischen Erfahrungen unterschiedlich viele mentale Repräsentationen ausbilden (siehe Kapitel 2.1.2); ein eindeutiger Beweis, dass diese Muster sich auf andere kognitive Fähigkeiten positiv auswirken, steht allerdings noch aus.

Zusammenfassend lässt sich sagen, dass sich durch das Hören favorisierter Musik kurzfristige Verbesserungen im Bereich der räumlich-visuellen Vorstellung, der Kreativität und der Verarbeitungsgeschwindigkeit erzielen lassen. Diese Effekte sind allerdings weder auf von Mozart komponierte, noch auf klassische Musik im Allgemeinen gemünzt, sondern können mit jeder Art positivem auditiven Stimulus gewonnen werden.

### 3.2.2 Musikunterricht und Intelligenz

In den folgenden Abschnitten ist mit *Musikunterricht* erweiterter Regelfachunterricht gemeint, wie er beispielsweise an Schulen mit musikbetonten Zügen üblich ist. Die Kinder in den dargestellten Studien erhielten sowohl intensivierten Fachunterricht, als auch für die jeweilige Altersstufe angemessenen Instrumentalunterricht (i.d.R. etwa eine Stunde pro Woche).

Die populärste und daher auch „verhängnisvollste" Studie zum Thema Musikunterricht und Intelligenz ist sicher die Langzeitstudie „Musik(erziehung) und ihre Wirkung", die unter der Leitung von Hans Günther Bastian zwischen 1992 und 1998 an sieben Berliner Grundschulen durchgeführt wurde. In dieser Schulstudie

---

[6]  Auch das Hören einer Kurzgeschichte von Stephen King bewirkte bei Kindern den erklärten Effekt, vorausgesetzt, die Kinder standen der Geschichte positiv gegenüber. (Schellenberg, et al., 2007)

erhielten 130 Kinder je zwei Schulstunden zusätzlichen Fachunterricht, erlernten einzeln oder in der Gruppe ein Musikinstrument und musizierten in verschiedenen Ensembles, während 40 Kinder aus der Kontrollgruppe keine spezifische Förderung erhielten. Zwar ließen sich positive Effekte auf das Sozialverhalten der musikalisch geförderten Kinder eindeutig beobachten, langfristige Effekte der Musikerziehung auf kognitive Fähigkeiten, etwa räumliche oder mathematische Intelligenz oder Konzentrationsfähigkeit, blieben nach sechs Jahren Versuchszeit jedoch aus. (Bastian, 2001) Sehr zum Verdruss der Autoren selbst geriet die Studie nach ihrer Veröffentlichung – lanciert durch reißerische Schlagzeilen der Medien – sehr unter Beschuss. Man muss den Herausgebern zugutehalten, dass Schulversuche im Allgemeinen nur mit großen methodischen Schwierigkeiten durchgeführt werden können: Anders als bei einem Laborexperiment, sind Schülerinnen und Schüler einer Vielzahl von wechselnden Einflüssen ausgesetzt, sowohl in der Schule, als auch im persönlichen Umfeld. Dies macht eine aussagekräftige Studie schwierig, da sich nicht einfach eine einzelne Einflussgröße, in diesem Fall intensivierter Musikunterricht, verändern lässt. Dennoch fehlte in der Bastian-Studie eine echte vergleichbare Kontrollgruppe, die zum Beispiel in einem anderen Fach vermehrte Zuwendung erhielt. (Altenmüller, 2018) Schließlich lässt sich auch über die Sinnhaftigkeit und Aussagekräftigkeit von IQ-Tests bzw. dem Intelligenzquotienten im Allgemeinen streiten.

Aufschlussreicher sind in diesem Zusammenhang zwei Studien von Glenn Schellenberg (2004 & 2006b). In einer Querschnittstudie mit 6-11 jährigen Kindern sowie Studenten konnte anhand zweier altersentsprechender Intelligenztests und der Erfassung der schulischen Leistungen ein positiver Zusammenhang zwischen IQ und Musikunterricht nachgewiesen werden. (Schellenberg, 2006b; Schellenberg, 2006b) Dieser Effekt nahm allerdings ab, je länger der Musikunterricht zurücklag. Weiterhin konnte ausgeschlossen werden, dass die positiven Auswirkungen durch den sozio-ökonomischen Status oder Beschulungs-Effekte (wie z.B. dem Pygmalion-Effekt, der bei Bastian nicht ausgeschlossen werden konnte) zu erklären waren.

Dennoch konnte die besagte Querschnittstudie der Kausalität, ob Musikunterricht die allgemeine Intelligenz fördern kann, nicht auf den Grund gehen. Dieser Frage ging Schellenberg 2004 in einer Längsschnittstudie mit sechsjährigen Kindern nach. Die Kinder wurden zufällig in vier Gruppen eingeteilt, von denen zwei Gesangs- bzw. Keyboard-Unterricht erhielten, eine Gruppe Theaterunterricht und eine weitere Gruppe nicht spezifisch gefördert wurde. Via Intelligenztest konnte in allen Gruppen der nach der Einschulung übliche Anstieg des IQs verzeichnet werden. Allerdings war der IQ der Musikgruppen – wenn auch geringfügig – gegenüber der Kontrollgruppen signifikant höher. Demgegenüber konnte bei den Musikkindern kein Anstieg in der sozialen Kompetenz verzeichnet werden, während bei der Theatergruppe ein Vorteil gefunden werden konnte. (Schellenberg, 2004)

Kurz gesagt: Ein Zusammenhang zwischen kognitiver Entwicklung und intensiviertem Musikunterricht in der Schule kann nachgewiesen werden. Dieser Effekt scheint nachhaltig (bis ins Erwachsenenalter) zu sein und wirkt sich auch positiv auf die schulischen Leistungen aus. Musikunterricht scheint sowohl die allgemeine Intelligenz, als auch einzelne Aspekte, wie Gedächtnis oder visuell-räumliches Denken positiv zu beeinflussen (s. genauer Bernatzky & Kreutz 2015), wenngleich es sich hier lediglich um geringfügige Verbesserungen handelt. Weiterhin kann auch anderer extracurricularer Unterricht die kindliche Entwicklung positiv beeinflussen (soziale Kompetenz bei Theaterunterricht). Zu bedenken bleibt, dass die Kinder in allen dargestellten Studien zusätzlich zum Regelfachunterricht Instrumentalunterricht erhielten.

### 3.2.3 Instrumentalunterricht und Intelligenz

Verhältnismäßig leichter überprüfbar als in umfassenden Schulstudien ist die Wirkung von Instrumentalunterricht bzw. aktivem Musizieren auf die kognitiven Fähigkeiten. Es finden sich mannigfaltige Untersuchungen, die entweder Effekte auf die globale Intelligenz oder Teilaspekte kognitiver Fähigkeiten erforschen.

Die repräsentativste Studie, die Einflüsse auf die allgemeine Intelligenz untersucht, ist auch hier die Langzeitstudie von Schellenberg (2004), die bereits im vorherigen Kapitel ausführlich besprochen wurde. Weiterhin untersuchte der kanadische Forscher die langfristigen Folgen aktiven Musizierens in der Kindheit (Schellenberg, 2006a). Ohne näher auf deren Studiendesign eingehen zu wollen, sind zwei Erkenntnisse bemerkenswert: Es konnte eine positive Korrelation zwischen der Dauer des Instrumentalunterrichts und dem Anstieg des IQ-Wertes festgestellt werden: Kinder und Jugendliche mit Musikunterricht waren gleichzeitig intelligenter. Diese Werte sind – wenngleich nicht stark ausgeprägt – dauerhaft bis ins Erwachsenenalter und betreffen *alle* kognitiven Leistungen. Dennoch weist Schellenberg selbst darauf hin, dass bis heute die Ursächlichkeit dieser Korrelate nicht geklärt ist und weiterer Untersuchungen bedarf: Zwar wäre möglich, dass intensivierter Instrumentalunterricht die Ursache des höheren IQ-Wertes darstellt; genauso plausibel wären allerdings die Erklärungen, dass intelligente Kinder häufiger Instrumentalunterricht beziehen oder ihnen aufgrund ihrer höheren Intelligenz das Musizieren leichter fällt, als anderen Kindern.

Der Einfluss des aktiven Musizierens auf Gedächtnisleistungen wurde bisher meist bei erwachsenen Musikern und Nicht-Musikern untersucht. In der Regel konnten bei Musikern bessere Ergebnisse bei Aufgaben zum visuellen, auditiven und verbalen Gedächtnis festgestellt werden. (Bernatzky & Kreutz, 2015) Wenige Studien widmen sich dem Zusammenhang von Gedächtnis und aktivem Musizieren bei Kindern: Dabei konnten bei Grundschulkindern deutlich positive Effekte im Bereich des verbalen und auditiven Gedächtnisses festgestellt werden (s. Ho et al. 2003; Degé et al. 2011b). Positive Einflüsse auf das visuelle Gedächtnis fallen in den Untersuchungen widersprüchlich bzw. nicht eindeutig aus und bedürfen weiterer Forschung. (Bernatzky & Kreutz, 2015) Interessant sind in diesem Zusammenhang auch Studien im Bereich der Demenzforschung, bei denen nachgewiesen werden konnte, dass einerseits aktives Musizieren neben anderen geistigen Aktivitäten einer Demenz vorbeugt (Altenmüller, 2018), und andererseits positive Einflüsse der Musiktherapie auf Angstzustände, Depressionen, Lethargie, Aufmerksamkeit und kognitive Funktionen bei schon erkrankten Menschen vorliegen (Bernatzky & Kreutz, 2015).

Ähnlich wie beim *Mozart-Effekt* deuten verschiedenen Studien darauf hin, dass auch aktives Musizieren bei Kindern positive Effekte auf räumlich-visuelle Leistungen hat. Unklar ist jedoch, wie langfristig diese Resultate sind. (Schuhmacher, 2006)

Gruhn (2003) konnte bei Kindern im Alter von 3-7 Jahren nachweisen, dass Kinder mit Instrumentalunterricht gegenüber nicht geförderten Kindern eine deutlich schnellere kognitive Verarbeitungsgeschwindigkeit aufweisen. Weiterhin korreliert dieser Befund mit der Dauer des Musikunterrichts.

Im Zusammenhang mit den in Kapitel 2 beschriebenen Anpassungen des Gehirns ließ sich feststellen, dass musizierende Personen bei Problemlöseaufgaben die einschlägigen Hirnareale effizienter nutzen, als nicht-musizierende Personen. Der bei Musikern optimierte Hirnbereich ist überdies verantwortlich für selektive Aufmerksamkeit und Handlungsplanung. Mittlerweile kann davon ausgegangen werden, dass Musizieren die Reifung dieser Areale beschleunigt und somit auch einen positiven Einfluss auf andere kognitive Fertigkeiten hat. (Bernatzky & Kreutz, 2015)

Die Aufzählung der Untersuchungen zum Thema Musik und kognitive Fähigkeiten könnte noch über Seiten fortgesetzt werden. Doch auch dieser grobe Überblick verdeutlicht klar: Positive Korrelationen zwischen Musikunterricht sowie insbesondere aktivem Musizieren und kognitiven Fähigkeiten sind sogar bei Kindern im Vorschulalter nicht mehr von der Hand zu weisen. Weitgehend unklar ist jedoch noch immer die Kausalität der Befunde.

## 3.3 Soziale Kompetenzen

Vermutlich wird jeder praktizierende Musikpädagoge von der Beobachtung berichten können, dass Musik und gemeinsames Musizieren prosoziales Verhalten fördern kann und eine persönlichkeitsbildende Funktion hat. Zweifelsfrei ist Musik die sozialste aller Künste, dient als Kontaktmedium und sogar als Übermittler von Emotionen und Nachrichten. Umso verwunderlicher ist die Tatsache, dass der positive Einfluss von Musikunterricht auf soziale Kompetenzen bis heute empirisch nicht nachweisbar ist.

Glenn Schellenberg (2009) kann aus seinen eigenen zahlreichen Studien die Schlussfolgerung formulieren, dass „kein Zusammenhang zwischen Musikunterricht und Sozialkompetenzen oder emotionaler Intelligenz" (ebd.) besteht. Eine eindeutige Korrelation mit verbessertem Sozialverhalten konnte bisher nur seine Studie aus dem Jahr 2004 (s. Kapitel 3.2.2) liefern; allerdings galt dieser Erfolg den Versuchsteilnehmern, die Theaterunterricht erhielten. Bei Musikunterricht ließen sich keine positiven Effekte finden. Auch Heiner Gembris stellt in seiner Expertise (2015) fest, dass die Theaterpädagogik im Gegensatz zur Musik- und Kunstpädagogik die vielversprechendsten Ergebnisse zur Verbesserung des Sozialverhaltens vorweisen kann.

Gembris merkt weiterhin an, dass das Fehlen empirischer Beweise im Umkehrschluss keineswegs bedeuten müsse, dass die Alltagserfahrungen nur Einbildung wären und damit Programmen, die auf die Verbesserung des Sozialverhaltens durch Musikunterricht hoffen, die Grundlage nähmen. Demnach könnten unzureichende Tests oder Methoden zur Testung der Sozialkompetenzen die Ursache sein. Außerdem wurden in der einschlägigen Forschung fast ausschließlich Kinder mit Einzel-Instrumentalunterricht untersucht; logischerweise ist nicht zu erwarten, dass Einzelunterricht soziale Kompetenzen besonders fördert. Möglich erscheint, dass sich positive Effekte auf das Sozialverhalten in zukünftigen Studien eher beim Musizieren in Gruppen, innerhalb ausdrücklich darauf ausgelegter

Musiktrainings oder bei der spezifischen Musiktherapie nachweisen lassen (Gembris, 2015).

Betrachtet man den Einfluss musikalischer Aktivitäten bzw. Musikerfahrungen im Allgemeinen aus der Sicht der Säuglings- und Kleinkindforschung, ergibt sich ein etwas anderes Bild: So konnte bei Vierjährigen aus einer Musikgruppe im Vergleich zu gleichaltrigen Kindern ohne Musiktraining eine signifikant stärkere Hilfs- und Kooperationsbereitschaft festgestellt werden. Wie Abbildung 3 zeigt, halfen die Kinder ihren Spielkameraden unmittelbar nach dem gemeinsamen Musizieren und Singen öfter und zeigten Empathie. (Kirschner & Tomasello, 2010)

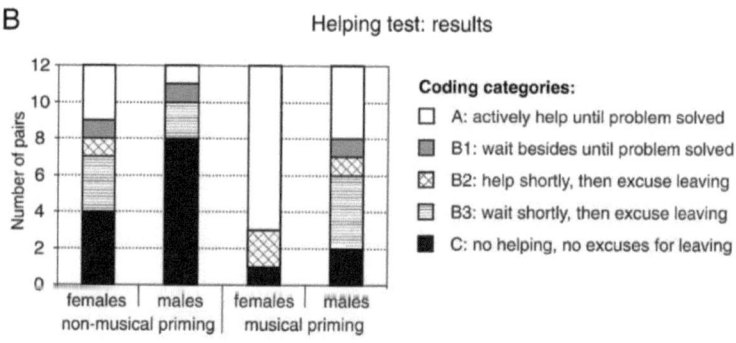

Abbildung 3: Resultate des Tests zur Hilfsbereitschaft
Quelle: Kirschner & Tomasello, 2010

Die Autoren führen dieses Phänomen auf die interpersonale Synchronisierung von Bewegungen beim gemeinsamen Musizieren zurück. So befriedige das dadurch entstehende Gemeinschaftserlebnis das menschliche Grundbedürfnis nach geteilten Emotionen und Erfahrungen. Zu ähnlichen Ergebnissen kommen Cirelli et al. (2016) bereits bei 14 Monate alten Kleinkindern. Demnach zeigten die Kinder ein erhöhtes prosoziales Verhalten und Hilfsbereitschaft.

Bedenkt man, dass Kleinkinder vornehmlich durch Nachahmen – also interpersonaler Synchronisation – und Spiel lernen (Stadler Elmer, 2015), erweisen sich diese Erkenntnisse als durchaus bedeutsam für musikpädagogische Ansätze. Insbesondere mit Bewegung verknüpfte Musiktrainings scheinen demnach das Sozialverhalten positiv zu beeinflussen.

Die Synchronisationsverfahren und die dazugehörigen emotionalen Komponenten wurden bei den oben genannten Studien mit Schulkindern nicht beachtet. Es ist davon auszugehen, dass im Zuge weiterer Forschung positive Effekte auf das

Sozialverhalten auch bei anderen Altersgruppen nachweisbar werden (Gembris, 2015).

## 3.4 Emotionale Entwicklung

Auch die Zusammenhänge zwischen Musik und emotionaler Entwicklung, Emotionsregulation sowie der damit zusammenhängenden Persönlichkeitsbildung werden in der Literatur eher kontrovers diskutiert. Dass Musik schon in frühster Kindheit eine emotionale Wirkung auf den Menschen hat, zeigt sich am allseits bekannten Phänomen des *Wiegenlieds*. Von der Mutter gesungene Wiegenlieder sind oft eine der ersten musikalischen Erfahrungen des Säuglings. Ganz abgesehen von ihrer offensichtlich beruhigenden Wirkung – vermutlich begünstigt durch deren oft langsames Tempo und der „wiegenden Taktart" (meist 3/4 oder 6/8) – konnte nachgewiesen werden, dass Mütter dem Gesang gegenüber ihres Kindes eine besondere emotionale Intensität beifügen. (Spitzer, 2002) So hat schon eine der ersten Musikerfahrungen eine besondere Charakteristik. Weiterhin wird berichtet, dass das Singen der Mutter den Kortisolhaushalt des Kindes regulieren kann, also entweder aktivierend oder beruhigend wirkt. Dies spricht für eine emotionsregulierende Wirkung von Musik. (Bernatzky & Kreutz, 2015)

Laut Saarikallio (2009), die in ihrer Studie ausführlich die Musikperzeption von Drei- bis Achtjährigen untersucht, finden sich vier Hauptfunktionen von Musikwahrnehmung:

1. „Calming down" – Kinder benutzen Musik, um sich zu entspannen; z.B. vor dem Schlafengehen.

2. „Concentrated interest" – Kinder hören Musik, um sich besser auf eine Sache konzentrieren zu können und ihr Interesse für diese Sache zu steigern.

3. „Happy energy" – Kinder verstärken oder rufen positive Emotionen mittels fröhlicher Musik hervor und drücken ihre positive Energie durch sie aus.

4. „Fantasy imagery" – Kinder erleben die Musik und ihre vermittelten Emotionen sehr intensiv und phantasiereich.

Die positive emotionsregulierende Wirkung des Hörens von Musik ist für alle Altersstufen nachgewiesen und kommt insbesondere in der Musiktherapie bei vielen Krankheitsbildern zum Einsatz. (Bernatzky & Kreutz, 2015) Deutlich spärlicher findet man Untersuchungen des aktiven Musizierens auf die emotionale Entwicklung. Mithilfe eines „Fragebogens zu Emotionen beim Instrumentenlernen" (FEIL) untersuchte Kreutz (2015) die musikalisch-emotionale Entwicklung von Grundschulkindern über 1,5 Jahre. Dabei zeigte sich eindeutig, dass positive Emotionen im Zusammenhang mit dem Erlernen eines Instruments stabiler und zudem signifikant intensiver von den Kindern erlebt wurden, als negative (z.B. Auftrittsängste, Frustrationssituationen beim Üben etc.).

Insgesamt sprechen die angeführten Studien für positive Effekte sowohl von Musikhören als auch aktivem Musizieren auf die Emotionsregulation in allen Altersstufen.

Gefühle bzw. Emotionen haben nachweislich einen markanten Einfluss auf die Entwicklung der Persönlichkeit (s. genauer Kuhl, 2009 Kap. 4.3.2). Wenn jedoch Musik Gefühle beeinflusst und Gefühle die Entwicklung der Persönlichkeit liegt der Schluss nahe, dass Musik persönlichkeitsbildende Effekte hervorrufen kann. Schon Aristoteles ließ seine Schüler im Theaterspiel oder dem Musizieren „abreagieren", um „Persönlichkeitsstörungen" wie Feigheit oder Übermut zu kurieren (Kuhl, 2009). Wichtig in diesem Zusammenhang scheint das Gefühl des „Sich-verstanden-Fühlens", das eine schon für Kleinkinder in primitiverer Form wichtige Empfindung ist, zu sein. Demnach können die positiven Emotionen durch Gefühle der sozialen Zugehörigkeit, des Zusammenhalts und eben des „Sich-verstanden-Fühlens" durch deren Einfluss auf das (Selbst-)Erleben maßgeblich zur Persönlichkeitsbildung beitragen. (Gembris, 2015) Diese Gefühle werden bei Kleinkindern durch Selbstsynchronisation sowie interaktive Synchronisation (s. Kap. 2.1.2) ausgelöst, was wiederum für musikpädagogische Überlegungen interessant ist.

## 3.5 Motorische Entwicklung

Dass erwachsene Musiker je nach Instrument immense grob- und feinmotorische Leistungen erbringen und diese sich auch auf andere, außermusikalische Bereiche übertragen lassen, steht außer Frage und bedarf hier keiner weiteren Ausführung. Wie jedoch sieht der Einfluss musikalischer Aktivitäten auf die motorische Entwicklung bei Kleinkindern aus?

Sabine Elmer Stadler (2015) sieht die Motorik neben der Schallwahrnehmung und der Vokalisation als eine der musikalischen Grundkompetenzen des Menschen. Demnach entwickeln sich diese natürlichen Kompetenzen zunächst, um die Kommunikation und Anpassung an die Umwelt zu gewährleisten und spezialisieren bzw. individualisieren sich später gemäß kulturspezifischen musikalischen Konventionen. Peter Heitkämper, der die moderne Hirnforschung mit der Suzuki-

Methode in Verbindung gesetzt hat, betont weiter, dass Intelligenz durch Handeln aufgebaut wird, also eine auf sensomotorischen Erfahrungen beruhende Fähigkeit ist. (Heitkämper, 2005/10) Auch Piaget geht in seinem Entwicklungsstufenmodell davon aus, dass Kinder in den ersten beiden Lebensjahren ausschließlich mit ihren Sinnesorganen und durch Bewegungsvorgänge Erfahrungen sammeln, bevor sie sich in der präoperationalen Phase durch Nachahmung (Synchronisation) symbolische Vorstellungen bilden. Auch dann ist deren Intelligenz noch von Wahrnehmungen, nicht von Logik bestimmt. (Plaßmann & Schmitt, 2007)

Da der Säugling noch sehr unreif und motorisch unentwickelt auf die Welt kommt, lassen sich mit den heute verfügbaren Methoden frühe Handlungen des Kindes zumindest in den ersten beiden Lebensjahren kaum von musikalischen Handlungen oder musikalischem Spiel unterscheiden. (Stadler Elmer, 2015) Dennoch scheinen rhythmische bzw. periodische Bewegungen (z.B. saugen, strampeln, klopfen, später laufen) in der menschlichen Entwicklung angelegte „musikalische" Kompetenzen zu sein. Auch die in dieser Abhandlung bereits mehrfach erwähnte Selbstsynchronisation (Abstimmung von Bewegungen verschiedener Körperteile) sowie die interaktive bzw. interpersonale Synchronisation (Abstimmung der eigenen Bewegungen mit denen anderer) können schon in der frühkindlichen Phase festgestellt werden und gelten als Vorläufer kontrollierter motorischer Handlungen. Diese grobmotorischen Abläufe werden wiederum im Frontalkortex koordiniert, dessen Reifung und neuronale Anpassung auf Erfahrungen beruht (s. Kap. 2.1). Dies spricht für einen frühen Beginn mit musikalischem Training, z.B. in Form von Kreis- oder Klatschspielen.

Vielleicht weil der Einfluss des Erlernens eines Instrumentes auf die Grob- und Feinmotorik offensichtlich zu sein scheint, lassen sich nur wenige Studien und Untersuchungen zu diesem Thema – insbesondere bei Kindern – finden. Eindeutig fördern lässt sich die Grobmotorik vor allem durch Rhythmikunterricht. (Hirler, 2005) Beim Instrumentalspiel, logischerweise in Abhängigkeit von den Anforderungen des jeweiligen Instruments, wird die Feinmotorik, insbesondere die Unabhängigkeit der Finger, trainiert. Außerdem wird die jeweils nicht-dominante Hand stärker beansprucht, was dazu führt, dass die Händigkeit weniger stark ausgeprägt ist, beide Hände also gut feinmotorische Aufgaben bewältigen können. Der eindeutige Nachweis eines Transfers auf allgemeine Hand-Geschicklichkeitstests steht allerdings noch aus. (Altenmüller, 2018)

## 3.6 Weitere Entwicklungsbereiche

Musikalische Aktivitäten haben neben den oben genannten Bereichen der kindlichen Entwicklung auch Einfluss auf die Entwicklung der Kreativität, der Lernmotivation und eines positiven Selbstkonzepts. Auch wenn die Kreativitätsforschung derzeit noch in den Kinderschuhen steckt, geht man von einem positiven Effekt des aktiven Musizierens, verbunden mit hoher Intelligenz sowie gutem und ausdauerndem Training, auf die musische Kreativität aus. (Kowal-Summek, 2018) Jedoch wurden keine Transfer-Effekte auf andere Kreativitätsbereiche, z.b. zeichnerische Kreativität entdeckt. (Bernatzky & Kreutz, 2015)

Der positive Einfluss musikalischer Aktivitäten auf die Lernmotivation bildet sich schon in der frühen Eltern-Kind Interaktion ab. Demnach eignen sich insbesondere musikalische Eigenschaften und Regeln wie z.B. Wiederholungen, Rhythmen oder Variationen in der Kommunikation, um positive Affekte beim Kind hervorzurufen. Diese positiven Affekte repräsentieren wiederum die natürliche Lernmotivation. Insgesamt kann mit musikalischen Aktivitäten die vorhandene Lernmotivation gesteigert werden. (Stadler Elmer, 2015) Während sich die Erkenntnisse bei Kleinstkindern auf die allgemeine Lernmotivation beziehen – was vermutlich daran liegt, dass sich in dieser Entwicklungsstufe musikalische von nicht-musikalischen Handlungen schwer unterscheiden lassen – konnte ein Transfer der gesteigerten musikspezifischen Lernmotivation bei Grundschulkindern (Altenmüller, 2018) auf die allgemeine Lern- und Leistungsmotivation bisher nicht festgestellt werden. (Stern, 2009) In pädagogischer Hinsicht interessant ist die Erkenntnis, dass lernzielorientiert übende Musiker die besten Leistungen erbrachten. (Wehrum, et al., 2009)

Erstaunliche Ergebnisse brachte eine Studie (Wehrum, et al., 2009) zum Fähigkeitsselbstkonzept von musizierenden Unterstufenschülern: Die musizierenden Kinder waren weniger bestrebt, schlechte Leistungen oder geringe Fähigkeiten zu verbergen und zeigten darüber hinaus weniger Arbeitsvermeidungsstrategien als ihre nicht-musizierenden Mitschüler. Dies spricht dafür, dass musizierende Kinder gelernt haben, dass das Üben einer Fähigkeit erfolgreicher ist, als die entsprechende Vermeidungstaktik. Des Weiteren hatten die musizierenden Kinder größeres Vertrauen in ihre eigenen Fähigkeiten, demnach ein positiveres Fähigkeitsselbstkonzept. Jedoch gilt auch für das Fähigkeitsselbstkonzept die Bereichsspezifik: Wer ein positiveres *musikalisches* Selbstkonzept durch aktives Musizieren erworben hat, hält sich deshalb noch lange nicht für einen guten Mathematiker. (Stern, 2009)

# 4 Musikalische Aktivitäten und ihre Bildungsrelevanz

„Von allen Kulturbereichen scheint Musik [...] die Interessen und sensomotorischen Fähigkeiten des Säuglings und Kleinkindes am besten anzusprechen. Entsprechend ist es der früheste kulturelle Bereich, in den der Säugling hineinwachsen kann [...]."
(Stadler Elmer, 2015)

Erst jüngst gab es einen Aufschrei von Musikstudenten und -liebhabern in Dresden aufgrund geplanter Kürzungen in den Fächern Musik, Kunst und Sport. Die Tendenz, den Fachunterricht an Schulen aus Kostengründen oder Personalmangel zu kürzen, scheint sich hartnäckig zu halten und wird allseits mit großer Sorge verfolgt; und das, obwohl die *musische Bildung* in den Bildungs- und Erziehungsplänen aller Bundesländer schon lange fest verankert ist. Ein wenig Hoffnung zeigt sich bei Kindern im Vorschulalter: Zwar ist die Beteiligung an Sportangeboten bei Zwei- bis Sechsjährigen nahezu doppelt so hoch wie diejenige an elementarer Musikerziehung, jedoch zeigt sich ein deutlicher altersbedingter Anstieg der Beteiligung im Vorschulalter, sodass im Alter von fünf Jahren 40% der Kinder in irgendeiner Weise mit musikpädagogisch konzipierten Programmen in Berührung kommen. (Dartsch, 2017) Als äußerst determinierend für die Teilnahme an der Musikerziehung stellt sich dabei der Schulabschluss der Eltern heraus: Kinder von Eltern mit Abitur nehmen circa doppelt so häufig an Musikprogrammen teil wie Kinder von Eltern mit mittlerem Abschluss. (Dartsch, 2017)

Die positiven Einflüsse frühkindlicher Musikerziehung auf verschiedene kindliche Entwicklungsbereiche wurden bereits ausführlich dargestellt. Auch wenn die vielfältige Forschung letztlich nur wenige Verallgemeinerungen zulässt, ist ihr Beitrag zu einer ganzheitlichen Kindesförderung heute nicht mehr abzustreiten. Gleichwohl, als alleinige Legitimation für Musikunterricht an Schulen sowie elementare Musikerziehung würden sie im Zweifel vermutlich versagen.

Ein kurzer Exkurs hierzu sei mir erlaubt: Meines Erachtens nach bedürfen Musik und Musizieren als Bildungsgut keiner vordergründigen Legitimation: Hoffentlich käme niemand auf die Idee, ein Instrument zu lernen, bloß um intelligenter zu werden. Bittere Realität scheint zu sein, dass die Musikpädagogik gegenüber (Schul-)Fächern wie Mathematik oder Deutsch neuerdings ihren konkreten gesellschaftlichen Beitrag definieren muss. Unausweichlich gerät sie dabei in Erklärungsnot: Sich allein auf ihre Transfereffekte zu berufen, käme einer Kapitulation gleich. Warum sollte eine Stunde Musikunterricht schlauer machen, nicht eine Zusatzstunde Mathematikunterricht? Wer die positiven sozialen und integrativen

Leistungen anführt, muss fürchten, beim Wort genommen zu werden; welcher Musikpädagoge ist schon gleichzeitig Sozialtherapeut? Dass Musik – ebenso wie Mathematik oder Literatur – seit Zeiten Platons fester Bestandteil der menschlichen Erziehung ist, noch heute einen wesentlichen Bestandteil unserer Kultur und somit der Allgemeinbildung darstellt, ist in Zeiten von Lehrermangel und Stundenstreichungen wohl nicht mehr von Belang. Wer sich fragt, wozu er Noten lernen solle, wenn er doch später kein Musiker werden würde, kann sich ebenso fragen, wozu er die Vektorenrechnung beherrschen müsse, wenn er später kein Naturwissenschaftler würde. In der Bayerischen Verfassung ist zu lesen: „Die Schulen sollen nicht nur Wissen und Können vermitteln, sondern auch Herz und Charakter bilden." Eine, wie ich finde, wunderbare und sehr gelungene Formulierung des Bildungsauftrags, in deren Kontext Fächer wie Musik, Kunst, Religion oder Sport keinesfalls fakultativ sind.

Kulturelle Bildung dient einer ganzheitlichen Erziehung, schafft Bewusstsein für künstlerisches Wirken, vermittelt die Bedeutung von Kultur für die Gesellschaft und eröffnet nicht zuletzt den Zugang zum eigenen künstlerischen Potential. Musik schafft Gemeinschaftserlebnisse und fördert den Zusammenhalt, sie ist eine nonverbale Sprache, die die ganze Welt zu verbinden vermag. Als sinnliche Erfahrung, Emotionsträger und Kommunikationsmittel zwischen Traditionen und Kulturen ist Musik in unserem Alltag omnipräsent und bestimmt somit nahezu alle gesellschaftlichen Kontexte mit. Nicht zuletzt sichert die musikalische Bildung – so bleibt zu hoffen – die lange Tradition der deutschen Musikkultur und hält diese vielfältig am Leben. Musik als Bildungsgut ist schlichtweg indiskutabel.

# 5 Pädagogische Grundlagen frühkindlicher Musikerziehung

Neben all den Diskussionen über den „Wert" von Musik, ihre Transfereffekte und ihr Potential, Kinder bestmöglich zu fördern, sollte man eines nicht vergessen: Musizieren sollte man, ob nun alleine, in der Gruppe, als Pädagogen oder als Eltern, immer um der Musik selbst willen. Sollten sich dabei Transfereffekte oder positive Persönlichkeitsmerkmale herausbilden, ist dies nur zu begrüßen; jedoch sollte die Musik nicht zu diesem Ziel „zweckentfremdet" oder sogar instrumentalisiert werden. Im Folgenden möchte ich einige pädagogische Schlussfolgerungen formulieren, die sich für mich aus den gewonnenen Erkenntnissen ergeben. Diese sind ebenso nicht als Zielformulierungen zu verstehen, sondern sollen helfen, frühkindliche Musikerziehung den Ansprüchen des Kindes aufgrund wissenschaftlicher Erkenntnisse bestmöglich anpassen und ihnen innerhalb eines altersentsprechenden Rahmens eine gute Förderung ermöglichen zu können. Die einzelnen Schlussfolgerungen sind untereinander als gleichrangig zu betrachten. Auch methodische Überlegungen sollen höchstens beispielhaft ausgesprochen werden, da deren ausführliche Behandlung den Rahmen dieser Arbeit sprengen würde.

**Schlussfolgerung 1: Frühkindliche Musikerziehung sollte über den eigentlichen Musikunterricht hinaus in den Alltag der Kinder wirken.**

Damit frühkindliche Musikerziehung gelingen kann, die Kinder möglichst vielfältige musikalische Anregungen bekommen und die Musik auch selbstständig entdecken können, erscheint mir ein möglichst musikalisches Umfeld sehr wichtig. Dabei ist zum einen eine gute Zusammenarbeit zwischen Eltern und später Erziehern sowie Musikpädagogen essentiell. Sicherlich spielen die Eltern in der frühkindlichen Erziehung die entscheidendste Rolle, sofern das Kind den größten Teil der Zeit Zuhause verbringt. Sobald das Kind eine Kindertagesstätte, eine Musikschule oder ähnliches besucht, sollten die Konzepte möglichst gut aufeinander abgestimmt werden, um das Kind weder zu unter- noch zu überfordern. Die Rolle der Unterstützung der Eltern ist hierbei über die gesamte Kindheit entscheidend für den Lernerfolg. (Dartsch, 2013) Hier drängt sich – wie insgesamt in unserem Bildungssystem – die Frage der Chancengleichheit auf. Der Benachteiligung von Kindern mit Eltern ohne musikalische Affinität könnte mit Eltern-Kind-Gruppen und umfangreichem Lehrmaterial für Eltern entgegengewirkt werden. Letztlich liegt das Interesse und Engagement der Eltern jedoch außerhalb des Wirkungskreises der Musikpädagogik.

Sehr wohl Einfluss hat die Musikpädagogik jedoch auf Kindertagesstätten, z.B. in Form von Kooperationen mit Musikschulen oder einem festen Angebot an Musikerziehung im Kindergarten selbst. Hier kann man sowohl auf die Einbeziehung musikalischer Anregungen im Alltag durch die Pädagogen setzen, als auch auf das Lernen der Kinder durch eigene Erfahrungen. Möglichkeiten zum musikalischen Freispiel setzen eine entsprechende Raumausstattung voraus (z.b. einfache Instrumente wie Klanghölzer, Klangbausteine, etc. zum Spielen anbieten), in der die Kinder Anregungen bekommen, die ihrer natürlichen Neugier entsprechen.

**Schlussfolgerung 2: Frühkindliche Musikerziehung sollte von sozialer Interaktion geprägt sein. Das bedeutet nicht, dass der Unterricht hauptsächlich in Gruppen stattfinden sollte; das Eingehen auf einzelne Kinder ist ebenso wichtig.**

Im Zusammenhang mit Kapitel 3.3 ergibt sich hier ein enger Zusammenhang mit Schlussfolgerung 4, dem Einbeziehen von Bewegung in die frühkindliche Musikerziehung. Dabei sollten möglichst vielfältige Gruppenkonstellationen, z.B. Partnerspiele, Gruppenspiele oder Spiele, bei denen ein Kind führt, zum Einsatz kommen. (Hirler, 2005) Das gemeinsame Musizieren oder Singen in der Gruppe sollte regelmäßig in den Tagesablauf integriert werden, beispielsweise im Morgenkreis, vor dem Essen oder vor dem Mittagsschlaf. Gerade die Interaktion in Form von Bewegung hat dabei das Potential, das soziale Klima der Gruppe zu verbessern sowie Zusammenhalt und Gemeinschaftsgefühl aufzubauen. Multipliziert wird dieses Phänomen bei Kleinstkindern, sobald nahestehende Personen, etwa in der Eltern-Kind-Gruppe, die Kinder beim Bewegungsvollzug unterstützen. (Kirschner & Tomasello, 2010) Dennoch sollte zusätzlich zum Gruppenerlebnis auch auf die Individualität jedes einzelnen Kindes eingegangen werden.

**Schlussfolgerung 3: Musikerziehung sollte weniger ziel- als prozessorientiert sein.**

Musikunterricht wie auch Instrumentalspiel ist meines Erachtens nach ganz allgemein schon von vornherein sowohl prozess- als auch zielorientiert. So geht es beim Musizieren nicht nur um das Lösen eines Problems oder einer Aufgabe, um am Ende ein Ergebnis vorweisen zu können, sondern auch um den Prozess des Musizierens an sich, um das Entdecken individueller musikalischer Fähigkeiten und um den Aufbau einer persönlichen Beziehung zur Musik. Im Umgang mit null- bis zweijährigen Kindern lassen sich wohl ohnehin keine klaren Ziele formulieren – zumindest nicht, wenn man das Kind in diese Zielsetzungen bewusst einbeziehen wollte. Weiter kommt man in dieser Altersgruppe wohl eher mit einer Art „Spielregeln", die sich später weiter ausbauen lassen und mit dem Erlernen eines Instruments schließlich in eindeutige Zielformulierungen münden. Überdies soll die musikalische Früherziehung über den musischen Bereich hinaus verschiedenste Kompetenzen aus unterschiedlichen Entwicklungsbereichen des Kindes fördern, sodass klare Zielformulierungen allenfalls in Hinblick auf die ganzheitliche Entwicklung sinnvoll wären.

**Schlussfolgerung 4: Bewegung zur Musik sollte einen wesentlichen Bestandteil frühkindlicher Musikerziehung darstellen.**

Die ganzheitliche Wahrnehmung von Kleinkindern, in der Bewegung eine besondere Bedeutung zukommt, spricht dafür, Musik mit Bewegung oder Tanz zu verbinden. An dieser Stelle sei erneut auf die Bedeutung der Selbstsynchronisation und der interaktiven Synchronisation hingewiesen. Klatsch-, Sing- und Kreisspiele sprechen viele Kompetenzen gleichzeitig an und fördern darüber hinaus das Gefühl für den eigenen Körper. Interessant ist in diesem Zusammenhang, dass Kinder bedingt durch ihre physische Größe oft ein deutlich schnelleres Tempo bevorzugen, als es Erwachsene gewohnt sind. (Spitzer, 2002)

Als besonders lohnenswerte pädagogische Disziplin lässt sich hier die *rhythmische Erziehung/Rhythmik* nennen. Der Rhythmik liegt die Erkenntnis zugrunde, dass ganzheitliches und multimodales[7] Lernen durch Bewegung geschieht; gerade für Kinder ist dies eine höchst motivierende und anregende Form des Lernens. (Stadler Elmer, 2015) Anders als der Begriff *Rhythmik* zunächst anmutet, „lässt sich [Rhythmik] nicht in Bewegungserziehung und Musikerziehung spalten – wie leider in zahlreichen Fachschulen für Sozialpädagogik üblich –, weil es ein elementares Bedürfnis der Kinder ist, gleichzeitig durch Musik und Bewegung Inhalte zu erleben, zu gestalten und mit allen Sinnen zu lernen." (Hirler, 2005)

Ebenso lohnenswert ist neben der Verknüpfung der Musik mit Bewegung und Tanz im Sinne eines multimodalen Settings sicher auch, die Verbindung zu anderen Künsten wie Schauspiel oder Malerei herzustellen (z.B. Malen zur Musik, Musik szenisch darstellen).

---

[7] multimodal: mehrere Sinne ansprechend

**Schlussfolgerung 5: Zu einer guten Musikerziehung gehören vielfältige Höranregungen sowie die Hinführung zum bewussten Hören.**

Den Kindern sollten im Hinblick auf die in Kapitel 2.1.1 erschlossenen Erkenntnisse möglichst vielfältige Hörerlebnisse ermöglicht werden. Dies schließt sicher nicht nur Erfahrungen musikalischer Art, sondern allerlei Hörphänomene wie Tierlaute, Naturgeräusche, Geräusche von Alltagsgegenständen oder Variationen der eigenen Stimme (bzw. derjenigen des Erziehenden) ein. Um die Kinder dabei für die unterschiedlichen Klänge zu sensibilisieren, sollte man sie immer wieder verbalisieren lassen, wie sich das Geräusch oder der Ton anhört sowie die Klänge von ihnen in Beziehung setzen lassen. Auch das Bewusstsein für verschiedene Kulturen kann durch das Hören unterschiedlicher fremdländischer Musiken gestärkt werden. Hier bietet sich sogar noch die Möglichkeit der Integration und der Stärkung des Zusammenhalts bei einer internationalen Gruppe (Kinder könnten typische Musik aus ihrem Kulturkreis mitbringen). Aus meiner Sicht ist jedoch darauf zu achten, das Gehör und vor allem die Aufmerksamkeitsspanne der Kinder nicht zu überreizen: Bei Dauerbeschallung stumpft das kindliche Gehör vermutlich eher ab, da es so viele Reize gar nicht verarbeiten kann. Zur Schulung und Sensibilisierung des Gehörs könnte auch der Einsatz von Gegensätzen dienen: hoch – tief, laut – leise, schnell – langsam und so weiter. Auch bei Spielen zur Gehörbildung sollte stets auf Abwechslung und Multimodalität geachtet werden.

**Schlussfolgerung 6: Singen kann als frühste kulturelle Handlung angesehen werden und ist daher als Kerninhalt frühkindlicher Musikerziehung zu betrachten.**

Dem gemeinsamen Singen kommt eine besondere Bedeutung in verschiedenen Entwicklungsarealen zu: So bilden frühe Formen der Vokalisation Grundlage für das Sprechen. Von musikalischen Erfahrungen kann das Kind darüber hinaus syntaktische Strukturen von gleichermaßen Sprache und Musik ableiten. Nicht zuletzt ist der Gesang die elementarste Form des Musizierens und kann als frühste kulturelle Handlung des Kindes angesehen werden. (Stadler Elmer, 2015)

Das (gemeinsame) Singen sollte im Sinne der 1. Schlussfolgerung bestmöglich in den Alltag integriert werden. Dies setzt ein großes Liedrepertoire der Eltern und Erziehenden voraus, mit dem situationsadäquat an Tätigkeiten des Kindes angeknüpft werden kann. Zum Beispiel: Ein Kind sitzt im Sandkasten und „bäckt"; der Erziehende kommt hinzu und stimmt das Lied „Backe, backe, Kuchen" an.

Laut Elmer (2015) gehört das Singen bzw. die Vokalisation zu den musikalischen Grundkompetenzen des Säuglings. Schon über den sog. *Babytalk,* das überdeutliche, variierte und sehr melodische Sprechen der Mutter mit dem Kind, lernt das Kind viele Eigenschaften von Sprache kennen. Gleiches gilt für frühe musikalische Erfahrungen und dem Singen der Bezugspersonen (s. Kapitel 3.4). Sicher sollte Intonationsübungen und dem Aufbau eines Liedrepertoires das Kennenlernen der eigenen Stimme vorangehen. Die Erziehenden sollten beim gemeinsamen Singen darauf achten, Lieder in einer Tonlage anzustimmen, die dem Stimmumfang der Kinder entspricht. Der enge Zusammenhang von Musik und Bewegung wird auch hier wieder deutlich: So nutzen Kleinkinder rhythmische Körperbewegungen, um beim Reproduzieren eines Liedes eine zeitliche Ordnung herstellen zu können. (Stadler Elmer, 2015)

**Schlussfolgerung 7: Die Improvisation spielt bei der Entwicklung aller musikalischen Grundkompetenzen eine wichtige Rolle.**

Wie unter Pädagogen allgemein bekannt, ist es vorteilhaft, den Lernenden neuen Lernstoff oder neue Anregungen aus ihrem lebensweltlichen Kontext heraus zu präsentieren. Um musikalische Handlungen aus dem Spiel der Kinder entwickeln zu können, bedarf es einerseits etwas Empathie und Sensibilität dafür, wann welche Impulse befruchtend sein könnten. (Dartsch, 2013) Andererseits wird man mit einem durchgeplanten Stundenentwurf unter Umständen nicht an momentane Interessen der Kinder anknüpfen können. Das Mittel der Wahl ist deshalb die Improvisation – sowohl seitens der Kinder als auch seitens der Erziehenden. Kinder können in der Improvisation sowohl sich selbst, als auch neue Aspekte und Eigenschaften der Musik, Bewegung oder der Klangproduktion entdecken. Durch Improvisieren und Experimentieren mit dem eigenen Körper, der eigenen Stimme oder anderen Klangkörpern wird die Kreativität der Kinder angeregt. Außerdem eignen sie sich selbst die Musik an; sie machen diese buchstäblich zu etwas Eigenem, einem Teil von ihnen.

Improvisation sollte auf der anderen Seite auch nicht regellos sein, da dabei die Gefahr besteht, die Kinder zu überfordern. Indem man der Improvisation Regeln oder zumindest Richtlinien hinzufügt, zeigt man Kindern zudem, dass auch die Musik zwar von Regeln bestimmt, aber gleichzeitig Möglichkeit zur freien Entfaltung ist.

## 5.1 Zum Instrumentalunterricht

Die frühkindliche Musikerziehung stellt weniger eine spezialisierte als eher eine breite musikalische „Grundbildung" dar, die mit Stimme, Bewegung und vielen verschiedenen Klangkörpern arbeitet. Wann sollte ein Kind dann anfangen, ein Instrument zu spielen? Wunderkinder wie W. A. Mozart, Lang Lang oder Anne-Sophie Mutter haben schon sehr früh mit dem Erlernen eines Instruments begonnen. Ich teile die Ansicht des Musikwissenschaftlers Dr. Edwin Gordon, dass es kein festgelegtes Alter für den Beginn von Instrumentalunterricht gibt (vgl. Kowal-Summek, 2018). Eher kommt es auf eine Vielzahl von physischen und charakterlichen Eigenschaften an, ob das Kind reif genug ist, ein Instrument zu erlernen. Hier sind Aufmerksamkeit, Durchhaltevermögen, Auffassungsgabe, Koordinations-, und Konzentrationsfähigkeit als einige Beispiele zu nennen. Diese Eigenschaften werden natürlich auch in der frühkindlichen Musikerziehung trainiert und beansprucht, sodass die Musikpädagogen zusammen mit den Eltern in der Lage sein sollten, den jeweils richtigen Zeitpunkt abzupassen.

Außerdem sollte das Kind bei der Auswahl des Instrumentes (mit-)entscheiden dürfen; letztlich ist die intrinsische Motivation erheblich, ob es Lust und Freude am Musizieren entwickelt und behält. Eine gute Möglichkeit bieten hier Instrumentenkarusselle, die oft von Musikschulen oder Orchestern angeboten werden. Da sich für die geringe Körpergröße bei Kleinkindern bei weitem nicht alle Instrumente eignen, wäre ich zunächst vorsichtig, das Kind mit einer allzu großen Auswahl zu konfrontieren. Geeignete Instrumente ab drei Jahren scheinen mir – neben den in der Musikerziehung ohnehin vielfältig einzusetzenden Orff-Instrumenten – die Blockflöte, Klavier, Geige und Cello zu sein. Meines Erachtens nach bietet die Blockflöte als Erstinstrument dem Kind die Möglichkeit, in kurzer Zeit große Fortschritte zu machen, kleine und bekannte Kinderlieder spielen zu können und damit Erfolgserlebnisse zu verzeichnen. Klavierunterricht schult das Denken in Harmonien von Anfang an; zusätzlich zeichnet sich das Klavier durch einfache und vor allem exakte Tonerzeugung aus, was das Gehör immens schult. Hier liegt für mich auch der Nachteil von Streichinstrumenten als Erstinstrument, wie z.B. in der Suzuki-Methode üblich: Bis man auf der Geige einigermaßen gerade und schöne Töne spielen kann – so lehrt mich die eigene Erfahrung – braucht es sehr viel Übung und Durchhaltevermögen. Dies könnte sich, gerade bei sehr kleinen Kindern, negativ auf die Motivation ausüben. Ich könnte mir vorstellen, dass es mit geschultem Gehör nach einigen Jahren Klavier- oder Blockflötenunterricht leichter fällt, eine gute Intonation auf der Geige zu bewerkstelligen.

# 6 Schlussbemerkung

"Die Musik ist ein moralisches Gesetz. Sie schenkt unseren Herzen eine Seele, verleiht den Gedanken Flügel, lässt die Phantasie erblühen ..." (Platon, 427-437 v.Chr.)

Dieses dem berühmten griechischen Philosophen Platon zugeschriebene Zitat verdeutlicht einmal aufs Neue, wie wichtig musische Bildung für die Menschheit ist. Umso bedeutender ist es, dass wir als Musikpädagogen weiter daran arbeiten, möglichst vielen Kindern den Zugang zu musikalischer Frühförderung, ja insgesamt zu musischen Bildungsangeboten ermöglichen zu können. Obwohl sich diese Arbeit hauptsächlich mit den Aspekten der Förderung beschäftigt, möchte ich an dieser Stelle noch einmal deutlich machen, dass der frühkindlichen Musikerziehung weitaus mehr Bedeutung zukommt als nur die positiven Einflüsse auf die kindliche Entwicklung. Sie hilft den Kindern, in die Kultur, die sie umgibt, hineinzuwachsen und sich später aktiv daran beteiligen zu können. Wie schön ist es doch, zu wissen, dass die Musik und vor allem das eigene Musizieren einem in Krisenzeiten wieder aufhelfen können, zu den wunderbarsten Erlebnissen leiten und die Emotionen zu beflügeln vermögen. Kinder sollten von klein auf mit diesen Erfahrungen heranwachsen dürfen. So würde ich jedem Kind wünschen, dass es in seinem späteren Leben nicht nur vom Hintergrundgeplänkel im Radio begleitet wird, sondern die Musik zu einem festen und wertvollen Bestandteil seines Alltags wird.

# Literaturverzeichnis

Altenmüller, E., 2018. Vom Neandertal in die Philharmonie. Warum der Mensch ohne Musik nicht leben kann. Berlin: Springer-Verlag GmbH.

Bastian, H. G., 2001. Kinder optimal fördern - mit Musik. 2. Hrsg. Mainz: Schott Musik International.

Bernatzky, G. & Kreutz, G. Hrsg., 2015. Musik und Medizin. Chancen für Therapie, Prävention und Bildung. Wien: Springer-Verlag.

Cirelli, L. K., Wan, S. J. & Trainor, L. J., 2016. Social effects of movement synchrony: Increased infant helping only transfers to affiliates of syncronously moving partners. Infancy, S. 1-15.

Dartsch, M., 2013. Heterogenität und musikalische Bildung in der Kindertageseinrichtung. Erfahrungen und Reflexionen zur situativen Arbeit, Köln: Vortrag auf dem Thementag „Musikpädagogik und Heterogenität" des Kölner Instituts für musikpädagogische Forschung.

Dartsch, M., 2017. Frühe musikalische Bildung. [Online]
Verfügbar unter:
http://www.miz.org/static_de/themenportale/einfuehrungstexte_pdf/01 _BildungAusbildung/dartsch_fruehe-musikalische-bildung.pdf
[Zugriff am 23.08.2018].

Fujioka, T. et al., 2006. One year of musical training affects development of auditory cortical-evoked fields in young children. Brain: a Journal of Neurology, 07 09, S. 2593-2608.

Gembris, H., 2014. Musikalische Begabung und Talent in der Lebenszeitperspektive. In: W. Gruhn & A. Seither-Preisler, Hrsg. Der musikalische Mensch. Evolution Biologie und Pädagogik musikalischer Begabung. Hildesheim: Georg Olms Verlag AG, S. 184-218.

Gembris, H., 2015. Transfer-Effekte und Wirkungen musikalischer Aktivitäten auf ausgewählte Bereiche der Persönlichkeitsentwicklung. Ein Überblick über den aktuellen Stand der Forschung, Gütersloh: Bertelsmann Stiftung.

Gordon, E. E., 1986. Musikalische Begabung: Beschaffenheit, Beschreibung, Messung und Bewertung. Mainz: Schott.

Gruhn, W., 2003. Kinder brauchen Musik: Musikalität bei Kindern entfalten und fördern. Weinheim, Basel: Beltz Verlag.

Gruhn, W., 2011. Am Anfang ist das Ohr. Überlegungen zum musikalischen Lernen bei Säuglingen.. In: M. D. Loritz et al., Hrsg. Musik - Pädagogisch - Gedacht. Festschrift für Rudolf-Dieter Kraemer. Augsburg: Wißner, S. 296-308.

Gruhn, W., 2018. Wie Kinder Musik wahrnehmen und erleben. Zeitschrift ästhetische Bildung.

Heitkämper, P., 2005/10. Die musikalische Erziehungsmethode Shinichi Suzukis und die moderne Hirnforschung. [Online]
Verfügbar unter: http://www.muenster.org/suzuki/heitk.htm
[Zugriff am 22.08.2018].

Hirler, S., 2005. Kinder brauchen Musik, Spiel und Tanz. Rhythmik als ganzheitliches Bildungsangebot in der frühkindlichen Erziehung. Frühe Kindheit - die ersten sechs Jahre, Issue 8/04, S. 8-13.

Karnath, H.-O. & Thier, P. Hrsg., 2006. Neuropsychologie. 2., aktualisierte und erweiterte Auflage. Heidelberg: Springer Medizin Verlag.

Kelley, L. & Sutton-Smith, B., 1987. A Study of Infant Musical Productivity. In: J. Peery, I. Peery & T. Draper, Hrsg. Music and Child Development. New York: Springer.

Kirschner, S. & Tomasello, M., 2010. Joint music making promotes prosocial behavior in 4-year-old children. Evolution and human behavior 31, S. 354-364.

Koelsch, S. & Fritz, T., 2007. Musik verstehen - Eine neurowissenschaftliche Perspektive. In: Suhrkamp, Hrsg. Musikalischer Sinn: Beiträge zu einer Philosophie der Musik. s.l.:Becker; Vogel.

Koelsch, S. & Jentschke, S., 2011. Sprach- und Musikverarbeitung bei Kindern: Einflüsse musikalischen Trainings. MitSprache: Fachzeitschrift für Sprachheilkunde, S. 27-42.

Koelsch, S. & Schröger, E., 2007. Stefan Koelsch. [Online]
Verfügbar unter: www.stefan-koelsch.de/papers/Koelsch-Schroeger-Musikpsychologie_20070221.pdf
[Zugriff am 07.08.2018].

Kowal-Summek, L., 2018. Neurowissenschaften und Musikpädagogik. Klärungsversuche und Praxisbezüge. 2., korrigierte und erweiterte Auflage. Wiesbaden: Springer Fachmedien Wiesbaden GmbH.

Kuhl, J., 2009. Macht Musik reifer? Theoretische und methodische Aspekte der Persönlichkeitsförderung. In: Bundesministerium für Bildung und Forschung, Hrsg. Pauken mit Trompeten. Lassen sich Lernstrategien, Lernmotivation und soziale Kompetenzen durch Musikunterricht fördern?. Berlin: BMBF, S. 98-113.

Marquardt, M., 2018. DocCheck Medical Services GmbH. [Online] Verfügbar unter: http://flexikon.doccheck.com/de/Graue_Substanz [Zugriff am 07.08.2018].

Plaßmann, A. A. & Schmitt, G., 2007. Lern-Psychologie. [Online] Verfügbar unter: http://www.lern-psychologie.de/kognitiv/piaget.htm [Zugriff am 22.08.2018].

Rauscher, F., Shaw, G. & Ky, K., 1993. Music and spatial task performance. Nature 365, 14/10, S. 611.

Saarikallio, S., 2009. Emotional self-regulation through music in 3-8-year-old childern. In: J. Louhivuori et al. Hrsg. Proceedings of the 7th Triennal Conference of European Society for the Cognitive Sciences of Music (ESCOM 2009). Jyväskylä, Finnland, S. 459-462.

Schellenberg, G., 2004. Music lessons enhance IQ. Psychological Science 15(8), S. 511-514.

Schellenberg, G., 2006a. Exposure to music: The truth about the consequences. In: The child as musician: A handbook of musical development. New York: Oxford University Press, S. 111-134.

Schellenberg, G., 2006b. Long-Term positive asociations between music lessons and IQ. Journal of educational psychology 98(2), S. 457-468.

Schellenberg, G., 2009. Musikunterricht, geistige Fähigkeiten und Sozialkompetenzen: Schlussfolgerungen und Unklarheiten. In: Pauken mit Trompeten. Lassen sich Lernstrategien, Lernmotivation und soziale Kompetenzen durch Musikunterricht fördern?. Bonn, Berlin: Bundesministerium für Bildung und Forschung, S. 114-124.

Schellenberg, G., Nakata, T., Hunter, P. & Tamoto, S., 2007. Exposure to music and cognitive performance: Tests of children and adults. Psychol Music 35, 01, S. 5-19.

Schuhmacher, R., 2006. Die kognitiven Effekte aktiver musikalischer Betätigung. In: Bundesministerium für Bildung und Forschung, Hrsg. Macht Mozart schlau? Die Förderung kognitiver Kompetenzen durch Musik. Berlin: BMBF, S. 17-58.

Spitzer, M., 2002. Musik im Kopf. Hören, musizieren, verstehen und erleben im neuronalen Netzwerk. Stuttgart: Schattauer GmbH.

Stadler Elmer, S., 2015. Kind und Musik. Das Entwicklungspotenzial erkennen und verstehen. Berlin: Springer-Verlag.

Stangl, W., 2018. Online Lexikon für Psychologie und Pädagogik. [Online] Verfügbar unter: http://lexikon.stangl.eu/5461/kognitive-funktionen/ [Zugriff am 17.08.2018].

Stern, E., 2009. Die Bereichsspezifität der menschlichen Kognition und Motivation. Über die Schwierigkeiten, Gelerntes von einem Inhaltsbereich auf einen anderen zu übertragen. In: Bundesministerium für Bildung und Forschung, Hrsg. Mit Pauken und Trompeten. Lassen sich Lernstrategien, Lernmotivation und soziale Kompetenzen durch Musikunterricht fördern?. Berlin: BMBF, S. 125-136.

Walter, D. O., 2011. Verhaltenswissenschaft. [Online] Verfügbar unter: http://www.verhaltenswissenschaft.de/Psychologie/Personlichkeit/Intelligenz/intelligenz.htm [Zugriff am 10.08.2018].

Wehrum, S., Degé, F., Schwarzer, G. & Stark, R., 2009. Positive Wirkungen von Musik auf Lernverhalten und Emotion. In: Bundesministerium für Bildung und Forschung, Hrsg. Mit Pauken und Trompeten. Lassen sich Lernstrategien, Lernmotivation und soziale Kompetenzen durch Musikunterricht fördern?. Berlin: BMBF, S. 148-159.